DISCOURS

PRONONCÉ

Par Monseigneur TURINAZ

Évêque de Nancy et de Toul

AUPRÈS DU MONUMENT DE MARS-LA-TOUR

à l'occasion du vingtième anniversaire

DE LA BATAILLE DE GRAVELOTTE

Le 16 Août 1890

NANCY

E. LE CHEVALLIER, Libraire-Éditeur

63, Rue Saint-Georges

—

1890

DISCOURS

PRONONCÉ

PAR MONSEIGNEUR TURINAZ

Évêque de Nancy et de Toul

AUPRÈS DU MONUMENT DE MARS-LA-TOUR

à l'occasion du vingtième anniversaire

DE LA BATAILLE DE GRAVELOTTE

LE 16 AOUT 1890

NANCY

E. LE CHEVALLIER, LIBRAIRE-ÉDITEUR

63, RUE SAINT-GEORGES

—

1890

LE MONUMENT DE MARS-LA-TOUR
COMMÉMORATIF DES BATAILLES DES 16 ET 18 AOUT 1870
Œuvre de M. Bogino.

DISCOURS

PRONONCÉ

A L'OCCASION DU VINGTIÈME ANNIVERSAIRE

DE LA BATAILLE DE GRAVELOTTE

> Ossa pullulent de loco suo, nam cor-
> roboraverunt Jacob et redemerunt se in
> fide virtutis.
>
> Leurs ossements tressailliront et re-
> fleuriront dans leur tombe, parce qu'ils
> ont fortifié leur patrie et obtenu la vic-
> toire par leur invincible fidélité et leur
> héroïque courage   (Eccli., XLIX, 12).

MES TRÈS CHERS FRÈRES,

Vous ne vous étonnez pas de voir l'évêque de Nancy présider cette cérémonie funèbre et apporter comme vous auprès de ce monument et sur ces tombes vénérées, l'hommage de sa douleur, de sa reconnaissance et de son admiration. Rien de ce qui touche aux intérêts de notre chère France, rien de ce qui appartient à notre vaillante et admirable armée et de ce qui émeut vos cœurs, ne peut être étranger à son cœur. D'ailleurs, elle est bien ici à sa place, la religion de nos pères, avec ses consolations et ses enseignements, ses pompes sacrées et ses prières ferventes, dans cette grande manifestation d'un peuple chrétien, sur cette terre illustrée par la valeur, le sublime dévouement et les vertus guerrières qui sont l'honneur, la puissance et l'espoir de notre pays.

Une circonstance exceptionnelle ajoute encore aujourd'hui à l'émotion de cette cérémonie. Les restes mortels de deux soldats du 4ᵉ et du 100ᵉ régiment d'infanterie ont été découverts, il y a quelques semaines, sur le territoire de Bruville, et dans le cercueil qui est ici sous vos regards, ils vont être unis aux restes de leurs compagnons d'armes tombés il y a vingt ans pour la défense de la France.

Aussi, sous les bénédictions d'en-haut, au contact de vos âmes et de l'âme de la France, ces glorieuses victimes de nos grandes batailles tressaillent dans leur poussière, leurs ossements refleurissent, ces morts se lèvent, ils nous apparaissent tels qu'ils étaient en ces terribles journées; ils nous fortifient par leur exemples; ils protègent, ils rachètent encore leur patrie par leur sang si généreusement versé; ils font passer dans tous vos cœurs, je le sens et je le vois, l'énergie, la bravoure et l'enthousiasme du patriotisme.

I.

Oui, nous venons tout d'abord apporter sur les tombes des défenseurs de la France, le témoignage de notre admiration, car ils ont été vaillants, les soldats de Gravelotte. Jamais les grandes qualités du guerrier français n'ont brillé d'un plus vif éclat.

Pas une défaillance, pas une hésitation sous le feu le plus meurtrier. Partout apparaissent le sang-froid et l'habileté des chefs, et dans tous les rangs, l'obéissance aveugle, malgré l'impatience de combattre, malgré l'élan impétueux et l'ardeur qui grandit avec les périls.

L'ennemi est courageux et obstiné; ses premiers succès, la présence d'un de ses princes, l'importance suprême de cette grande lutte, tout le soutient et l'anime. Repoussé, il revient avec acharnement; des troupes nouvelles remplacent les régiments décimés et les escadrons qui sont venus se briser contre les carrés de notre infanterie. Déjà la nuit s'est étendue sur le champ de bataille, l'armée allemande reprend l'offensive et essaye de surprendre nos troupes harassées : tout à coup le combat renaît au milieu des ténèbres.

Les généraux dont la France apprécie depuis longtemps la valeur et les brillants services, se montrent dignes de leur passé et de leur gloire.

Canrobert dirige le 6ᵉ corps avec sa grande expérience de la guerre et rappelle à ses soldats qu'ils sont les vainqueurs de Magenta et de Solférino.

Lamirault domine la mêlée de sa haute stature; impassible au milieu des balles et des obus, il maintient ses troupes contre les assauts furieux et sans cesse renouvelés de l'ennemi.

Bourbaki conduit brillamment au combat les magnifiques régiments de la garde.

Cissey, marchant au canon, développe sa division avec une habileté consommée. Quatre chevaux tombent sous lui, il avance toujours ; abordant l'armée allemande dans un irrésistible élan, il écrase dans le grand ravin de Greyère, des bataillons entiers.

Sur le plateau d'Yvron, le général Legrand succombe à la tête de ses escadrons, les généraux de Montaudon et de Gondrecourt font des prodiges de valeur. Ce combat de cavalerie est une des plus effroyables mêlées dont l'histoire ait conservé le souvenir.

Ici, un vieux soldat mourant se traîne sur le sol par

un suprême effort, pour voir encore l'ennemi et l'atteindre d'un dernier coup. Plus loin, des cavaliers, le bras gauche brisé, couverts de poussière et de sang, chargent la bride aux dents et combattent avec le tronçon de leur épée.

Chefs illustres et obscurs soldats, vétérans qui ont donné tant de preuves de leur courage, conscrits qui vont au feu pour la première fois, tous sont vraiment des héros.

Cette armée qui a combattu sans trêve toute une grande journée, campe sur le champ de bataille, sans pouvoir prendre aucune nourriture. Elle attend, mais hélas ! elle attend vainement pour le lendemain l'ordre de marcher en avant, de poursuivre ses succès et de chasser devant elle l'armée si éprouvée qui essaiera de lui fermer le passage.

A cette heure décisive, c'est l'intuition du simple bon sens, c'est l'élan du caractère national, c'est l'affirmation manifeste de l'art de la guerre, c'est le sang des preux chevaliers, le sang de France dont parlait Jeanne d'Arc, le sang des soldats de toutes nos grandes guerres, qui animent ces légions et qui les poussent en avant. — Mais non, elles durent s'arrêter, puis battre en retraite...

Nous apportons à ces fils généreux de la France, le témoignage de notre reconnaissance.

Un peuple ne doit jamais oublier ceux qui sont morts pour sa défense et pour sa gloire. Leurs souvenirs inspirent les sentiments qui doivent animer toute grande vie nationale, ils rappellent des exemples qu'il faut faire resplendir, des enseignements qu'il faut transmettre de génération en génération.

Un peuple qui laisserait s'éteindre ces souvenirs détruirait les plus belles pages de son histoire, il découragerait les plus nobles dévouements. Son ingratitude serait un crime et le signe manifeste d'une décadence sans remède et sans espoir. Aucun souffle d'en-haut, aucun appel de la faiblesse désarmée, de la justice et du droit ne pourraient l'émouvoir. Abandonné de ses alliés et même de ses fils, il descendrait méprisé et repoussé de tous dans l'abîme d'un éternel déshonnneur.

La France a le culte de ses héros. Elle a voulu honorer et perpétuer la mémoire des soldats de Gravelotte, elle a élevé ce magnifique monument, elle retrouve avec bonheur gravés sur ce bronze, les traits de ses plus vaillants guerriers, elle a orné de touchantes inscriptions et des noms qui lui sont les plus chers, les murailles de l'église de Mars-la-Tour. Chaque année, des foules nombreuses viennent visiter le théâtre de ces sanglantes batailles, et vous êtes ici, à cette heure, en ce glorieux anniversaire, les témoins émus de la reconnaissance nationale.

O France ! n'oublie jamais ceux qui sont morts pour toi. Reviens toujours dans ces lieux dont les noms autrefois obscurs sont désormais immortels. Conduis ici tes fils et tes soldats, pour tremper leurs âmes dans l'énergie, dans la vaillance et dans ton amour. O France ! que tes regards et ton cœur les contemplent toujours dans la reconnaissance et l'admiration, ces vaillants qui sont tombés sur tes frontières envahies, sur les hauteurs du dévouement, du sacrifice et de la vraie gloire, *Considera, Israel, pro iis qui ceciderunt supra excelsa tua vulnerati* (1).

(1) II Reg., 1, 18.

Nous apportons encore sur ces tombes l'hommage et la puissance de nos prières. La prière s'élève au-dessus de la terre, elle pénètre le ciel, elle monte jusqu'au trône et au cœur de Dieu. Elle est toute puissante quand elle devient la supplication de tout un peuple et qu'elle est inspirée par l'ardeur des plus nobles sentiments et par la flamme du patriotisme.

L'efficacité souveraine de la prière est d'ailleurs affirmée par la raison et par les traditions de toutes les nations et de tous les siècles. Un Dieu qui ne gouvernerait pas les êtres qu'il a tirés du néant, un Dieu qui abandonnerait l'homme et l'univers au jeu du hasard ou à une impulsion première et fatale, un Dieu insensible aux gémissements et aux supplications de ses créatures ou incapable de prévoir et de réaliser une modification aux lois qu'il a faites, ce Dieu ne serait ni bon, ni sage, ni puissant, il n'existerait pas.

Sans doute, ceux qui sont tombés ici dans l'accomplissement de leur devoir, offrant pour leur pays le sacrifice de leur vie, ont des droits auprès de la justice divine et de la miséricorde infinie. Mais qui oserait affirmer que leurs âmes n'ont pas besoin de nos prières et de la puissance du sacrifice de nos autels, pour que leurs dettes soient complètement payées et que la paix et la félicité parfaites leur soient données sans mesure et sans fin.

Ces prières ne répondent-elles pas d'ailleurs au désir de ces guerriers, qui presque tous avaient reçu une éducation chrétienne et qui sont nés et ont vécu dans ce pays dont l'histoire, la vie et j'allais dire l'atmosphère elle-même, sont toutes pénétrées des splendeurs de la foi et des ardeurs de la charité. Un grand nombre d'entre eux, sans doute, ont pu, dans le repos et la sécurité de la paix, dans l'entraînement des plaisirs et des illusions de la jeunesse, oublier leurs croyances et leurs devoirs, mais en marchant au combat, en face de la mort présente et inévitable, combie... ont imploré la miséricorde et le pardon ; combien, baisant avec amour la croix qu'une mère pieuse leur avait donnée, sont morts comme Bayard, en priant Dieu et en regardant l'ennemi ?

Touchant et précieux témoignage ! parmi les débris des vêtements des deux soldats qui reposent dans ce cercueil, on a trouvé un chapelet et une croix.

Combien (je le sais, car j'ai eu les joies sans égales de ce grand ministère), combien, dans les ambulances et les hôpitaux, se sont inclinés avec bonheur, sous la main du prêtre et, dans la fleur de leurs années, loin de tous ceux qu'ils aimaient, torturés par la douleur, navrés des épreuves de la France, sont morts consolés et résignés en vrais héros chrétiens ?

D'autres, toujours fidèles à la foi de leur enfance, ont donné sur le champ de bataille, l'exemple de la piété unie à la valeur guerrière ? Le voyez-vous, sur le bronze de ce monument, ce jeune et brillant officier ? Frappé de trois balles au moment où il entraîne ses soldats, il leur adresse ces héroïques paroles : « Ne quittez pas vos rangs, marchez à l'ennemi ! Dites à ma mère que je meurs en soldat et en chrétien ! (1) »

(1) Antoine de Levezon de Vezins, lieutenant au 93ᵉ de ligne.

II.

Ces témoignages ne sauraient nous suffire. Nous venons recueillir ici de grandes leçons et tout d'abord la leçon du patriotisme.

Le patriotisme concentre et résume les sentiments les plus élevés et les plus puissants. Ce que nous aimons dans notre patrie, ce n'est pas seulement la beauté de son ciel, la fécondité de son sol, le toit qui abrita notre enfance, les tombes où reposent ceux que nous pleurons ; nous aimons dans notre patrie ses croyances augustes, son passé glorieux, ses nobles et vénérables traditions, sa prospérité, sa grandeur ; nous aimons son drapeau, ce lambeau d'étoffe déchiré par les balles, noirci par la poudre des batailles, mais qui est le symbole sacré de l'honneur et de l'indépendance nationale.

Le patriotisme doit être sincère, profond et ardent, fécond en grandes œuvres et en grands sacrifices. S'il ne produisait que de vaines émotions, des affirmations bruyantes, un enthousiasme passager et stérile, il ne serait en vérité qu'un odieux mensonge, une source de lamentables déceptions, une funeste et criminelle ironie.

Les soldats valeureux qui dorment ici dans la gloire n'ont hésité devant aucune épreuve, leurs grandes actions ont répondu à leurs protestations généreuses, ils ont sacrifié pour défendre leur pays toutes leurs joies et toutes leurs espérances, ils ont donné leur sang et leur vie. — Les entendez-vous ? Ils vous exhortent à aimer la France, à réaliser l'union qui est la force, à mettre au-dessus de toutes les ambitions et de tous les partis les intérêts de la patrie, à repousser enfin les divisions funestes qui sont notre plus redoutable péril.

Mais au-dessus de ces champs de carnage où la mort paraît régner en souveraine, au-dessus de ces tombeaux apparaissent les enseignements et les espérances de l'immortalité. Et ces enseignements et ces espérances, vous les affirmez vous-mêmes par votre présence à cette cérémonie funèbre.

Pourquoi en effet sommes-nous-ici ? Ceux dont nous venons honorer la mémoire sont-ils tout entiers descendus dans la mort ? Nos hommages s'adressent-ils à des ossements arides, à une poussière informe, à la destruction et au néant ? Non, non, c'est impossible. Le bon sens proteste avec tous vos cœurs. Le culte des morts est l'affirmation universelle et invincible de l'immortalité.

D'ailleurs, s'il y a un Dieu, une Providence, une justice, les vaillants soldats qui ont répondu à l'appel de leur pays, qui se sont immolés pour le défendre, ont accompli leur devoir : ils on droit à la récompense dans la paix, dans la félicité et dans la gloire. Croyez-le bien, ils sont vivants, ils nous voient, ils nous entendent, ils tressaillent eux aussi dans ces grandes fêtes de la France.

En mourant ils ont affirmé ces augustes et nécessaires croyances, car en mourant ils aspiraient à l'éternelle vie et ils en appelaient à la justice infaillible de Dieu.

Le devoir est toujours difficile à accomplir et le devoir du soldat exige souvent l'héroïsme. Or, demander l'héroïsme à la nature humaine, c'est trop, si cette pauvre nature, pétrie de faiblesse et d'égoïsme, n'est soutenue que par les espérances de cette terre. Que dis-je ? l'intérêt ne peut rien ici. Ceux qui obtiennent la gloire, qu'en font-ils si elle ne vient que sur la tombe où ils dorment pour toujours ? Ceux qui l'ont obtenue dans la vie présente n'affirment-ils pas qu'elle est pleine d'amertume, imparfaite et impuissante ? Et que parlez-vous de gloire à ces milliers de soldats qui ont succombé ici il y a vingt ans et dont les noms resteront à jamais ignorés de tous ?

C'est un habile et valeureux général, un ancien ministre de la guerre, qui écrivait il y a quelques années dans son testament ces belles paroles : « Le soldat, plus qu'aucun autre, se sent sous la main de Dieu ! et il a besoin de croire à une autre vie pour accepter virilement l'idée du sacrifice. » (1).

Je ne le conteste pas, le sentiment de l'honneur, la force de la discipline, l'ardeur et l'énergie de la volonté, l'entraînement de l'exemple, l'ivresse du combat, la nécessité de vaincre ou de mourir peuvent inspirer et soutenir le courage ; mais le courage, il le faut partout et toujours, sans exception et sans réserve, il le faut parfois à un degré auquel ces mobiles humains ne peuvent atteindre. Une puissance supérieure est donc nécessaire : la certitude des récompenses éternelles proportionnées à la grandeur du sacrifice. Aucune inspiration n'égale cette inspiration, et une armée qui serait tout entière dominée par ces espérances, deviendrait en vérité une armée de héros.

Enfin, qui donc oserait prétendre qu'il ne doit pas exister par-delà la mort une différence essentielle entre le soldat qui tombe en accomplissant son devoir, entre le chef qui est frappé à la tête de ses troupes qu'il électrise par sa bravoure, et le lâche qui meurt dans une

(1) Le général Berthaut.

fuite honteuse ou le traître qui livrerait à l'ennemi l'honneur et le drapeau de la France.

A ces splendeurs des espérances célestes, s'unissent en cette fête nos espérances dans l'avenir de notre pays. Malgré les plus terribles épreuves, malgré d'incontestables périls, l'espérance est un devoir. Une armée qui se laisse décourager est condamnée fatalement à la défaite, un peuple qui n'a plus d'espoir est un peuple perdu.

Sans doute, les illusions sont funestes, la France ne le sait que trop ; mais entre l'illusion et le découragement, il y a place pour l'espérance vigilante, active, prudente et qui ne se dément jamais, même aux jours des plus lamentables revers.

Que dis-je? Les revers eux-mêmes sont une source d'espérance. Ils satisfont à la justice de Dieu, ils effacent les souillures des âmes et des peuples, ils retrempent les caractères, ils renouvellent les vertus dans l'effort, dans la lutte et dans l'adversité. La prospérité, le succès, les progrès éblouissants de la civilisation matérielle égarent les peuples ; le vertige de l'orgueil les saisit, ils sont incapables de voir les conjurations qui se forment contre eux et les légions innombrables qui les menacent. Mais les épreuves, les coups de foudre du malheur illuminent les consciences, secouent le sommeil de l'indifférence et de l'égoïsme, développent d'admirables ressources et font remonter les vaincus sur les sommets où règnent la sagesse, la sécurité, les nobles entreprises, la vraie civilisation et la vraie grandeur.

La bataille du 16 août nous envoie elle-même à travers ses sanglantes horreurs une lueur d'espérance, car elle fut une victoire. Je veux le redire : le soir de cette grande journée, l'ennemi était partout refoulé, toutes ses attaques étaient repoussées, notre armée campait sur le champ de bataille. Oui, si le lendemain les ordres dont la nécessité évidente s'imposait à tous, si les secours étaient venus, cette armée rejetait dans la Moselle les quatre-vingt mille hommes du prince Frédéric-Charles et les obligeait à repasser la frontière; c'était la victoire complète, c'était le chemin de Verdun ouvert, c'était peut-être le salut; mais les ordres et les secours ne vinrent pas...

L'espérance, elle naît de cette cérémonie religieuse qui devient chaque année plus solennelle et qui, non seulement sur cette terre de Lorraine mais dans la France entière, émeut tous les cœurs. L'espérance, malgré les cérémonies funèbres et les chants de la douleur, elle rayonnait il y a quelques instants dans l'église de Mars-la-Tour, dans cette église obscure autrefois ignorée et devenue par le zèle de son pasteur le but d'un pèlerinage national et comme le sanctuaire du patriotisme. L'espérance, elle nous vient de ces foules nombreuses et recueillies, de ces prières ardentes qui montent vers le ciel, de cet amour de la France qui unit et enflamme toutes les âmes.

Regardez cette statue qui repose sur la tombe glorieuse de nos morts. C'est la France! Elle est désolée, mais elle ne désespère pas. Elle est forte, elle est noble, elle est fière dans son immense douleur. Elle pleure ses fils tombés pour sa défense, mais elle songe à se préparer de nouveaux et de plus heureux défenseurs.

Regardez-la; elle est toujours debout, elle porte encore au front le diadème de la reine des nations. Si ce diadème a perdu son éclat, Dieu le lui rendra bientôt.

Elle soutient dans ses bras un soldat mortellement blessé et pose sur sa tête la couronne immortelle. Le mourant laisse échapper son arme, sa main droite est placée sur son cœur dont il a donné tout le sang et dont le dernier battement est encore pour son infortuné pays. Cette arme, un enfant la saisit, et près de lui un autre enfant s'appuie sur l'ancre de l'espérance.

Ces enfants d'hier sont les soldats d'aujourd'hui et de demain. Ils ont juré de servir la France, de combattre et de mourir pour elle. Comme tous les Français, ils désirent la paix ; mais si nous devions subir encore le fléau de la guerre, je l'affirme sur les cendres de ces héros, sur ces champs de bataille consacrés par leur sang, je l'affirme sur tous vos cœurs, ces soldats rendront à notre pays sa puissance, sa grandeur et sa gloire.

Nancy, imp. de René VAGNER.